AF257996

DU CONGRÈS

ET

DES CONFÉDÉRATIONS

ITALIENNE ET GERMANIQUE

PAR

Ad. FÉLINE

JUILLET 1859

PARIS

CHEZ LEDOYEN, LIBRAIRE,

Palais-Royal

GALERIE D'ORLÉANS, 31

IMPERIAL
TIMBRE

DU CONGRÈS

et

DES CONFÉDÉRATIONS

ITALIENNE ET GERMANIQUE

———————

Y aura-t-il ou n'y aura-t-il pas de congrès? Telle est la question soulevée dans le Parlement anglais et par l'opinion publique, qui semble redouter de nouvelles guerres.

Si la paix de Villafranca ne devait que faire passer des provinces et des états d'un sceptre sous un autre, il suffirait sans doute de notifier ce changement aux états étrangers. Si ceux-ci ne pensaient pas qu'il pût nuire à leurs intérêts particuliers ou menacer la sécurité de l'Europe en en détruisant l'équilibre, ils prendraient acte du changement, et tout serait dit. Mais le traité de Villafranca a posé les bases d'une Confédération italienne, c'est-à-dire d'un gouvernement nouveau, par la forme, le caractère, les complications, et avec lequel tous les autres gouvernements seront obligés d'avoir des rapports. Il est donc naturel que tous les gouvernements de l'Europe, grands et petits, auxquels on devra faire connaître l'existence de cette nouvelle puissance, aient à déclarer s'ils entendent ou non reconnaître cette confédération. N'est-il pas plus simple qu'au lieu d'agir isolément, chaque état nomme des diplomates qui se réunissent, et qui, d'un commun accord, examinent s'il

est bon, utile, possible, de créer une Confédération italienne, ce qu'elle sera, et comment s'établiront ses rapports
avec les autres puissances.

Objectera-t-on que les confédérations ne sont pas choses
nouvelles, qu'il existe celle des États-Unis, celle des cantons
suisses et la Confédération germanique ? On répondra que
les États-Unis et la Suisse ne sont pas des confédérations,
mais des fédérations ; que, s'il s'agissait d'établir un état
semblable, réalisant l'unité politique vis-à-vis des cabinets
étrangers, ceux-ci n'auraient sans doute rien à objecter ;
mais qu'il en est tout autrement si l'on veut essayer de créer
une confédération semblable à la Confédération germanique ;
que c'est déjà beaucoup trop d'une pour l'Europe, et que la
dignité et la sécurité des gouvernements ne leur permet-
tent pas d'accepter certaines interprétations que l'on a
voulu naguère donner au pacte fédéral. Tant que la guerre
passionnait les esprits, on ne pouvait que protester contre
ces interprétations et les conséquences que l'on en voulait
tirer ; on s'est étonné que le cabinet français ne l'ait pas
fait. Mais ce n'était pas le moment d'établir les bases d'un
droit public européen, lorsque les passions et les intérêts
faussaient les jugements. Aujourd'hui que le calme est
rentré dans les esprits avec la paix, c'est le cas ou jamais
de réviser cette Confédération germanique, qui a failli
transformer une guerre locale en une guerre générale. Ce
travail d'examen et de révision des principes de la Confédération germanique semble même devoir précéder celui
de la création d'une Confédération italienne, qui serait plus
difficile encore à réaliser.

N'étant ni avocat ni casuiste, nous ne nous préoccupé-
rons pas du texte de l'acte de confédération : nous préten-
dons qu'écrites ou non, les obligations que l'on a voulu imposer à l'Allemagne sont monstrueuses, immorales, et que

tout état qui se respecte, qui a le sentiment de la justice et horreur d'une oppression suspendue sur sa tête, doit protester contre les principes de solidarité que l'Autriche vient d'invoquer près de ses confédérés. Nous disons que les gouvernements compris dans la Confédération germanique doivent désirer échapper à cette solidarité, et que les autres doivent repousser cette coalition sans cesse menaçante. La guerre, on le sait, est l'*ultima ratio*. Aussi n'est-il pas une constitution qui n'établisse quel pouvoir aura le droit de paix et de guerre. Ce pouvoir est l'attribut de la véritable souveraineté, et il est indispensable qu'il soit bien spécifié, afin que les nations étrangères sachent à qui elles doivent s'adresser. Comment donc comprendre une confédération de quarante souverains, dont chacun a le droit de déclarer la guerre et de contraindre ses trente-neuf confédérés à la faire ! Peu importe que la cause soit trouvée juste par chacun des confédérés ou par la majorité. Ils n'ont pas à connaître du débat. Il ne s'agit pas même seulement des guerres défensives. Le confédéré belligérant peut avoir été l'oppresseur, avoir envahi le territoire de ses voisins ; il n'en prétend pas moins que tous sont tenus de l'aider dans son agression, et que s'y refuser c'est forfaire à l'honneur, c'est déserter ses devoirs de fidèle Allemand. Voilà ce que l'Autriche a prétendu, voilà comment elle a interprété le pacte fédéral, et elle n'a pas manqué de souverains, de publicistes et d'ardents Germains, pour soutenir son interprétation.

La Prusse, elle, paraît l'avoir interprété différemment. La Confédération, a-t-elle répondu à l'Autriche, a distingué entre vos provinces dites allemandes, encore bien que beaucoup ne le soient pas, et vos provinces non allemandes. La Confédération n'est donc tenue, dans la guerre que vous avez imprudemment et injustement suscitée, que de défendre vos provinces allemandes. Celles-là, je vous les garantis. Si un soldat français ou italien, en repoussant votre agression, met le pied sur le territoire allemand, il déclare la guerre à la Confédération tout entière, qui ne se contentera pas de le repousser, mais ira envahir la France et le Piémont.

Voilà les deux interprétations allemandes. Si nous étions appelé à décider laquelle des deux est la plus conforme à la logique des faits, nous n'hésiterions pas à dire que c'est celle de l'Autriche. En effet, les provinces non allemandes de la monarchie autrichienne ne sont pas des individualités, mais des propriétés. Elle en tire des soldats comme des chevaux et de l'argent, pour augmenter sa puissance et sa force allemandes, pour exercer sa prépondérance en Allemagne, témoin l'odieuse affaire Hassenflug, que les Allemands ont oubliée avec une facilité qui fait peu d'honneur à leur dignité. La Prusse libérale voulait soutenir la nation; mais elle a dû faire retirer ses troupes devant le grand nombre de soldats, de chevaux et de canons italiens, hongrois, croates, galliciens, que l'Autriche faisait avancer pour soutenir le principe du pouvoir absolu de l'autorité dans la personne du ministre Hassenflug.

Tout maître ayant le droit de faire payer à son vassal *les verges qu'il emploie pour le fouetter*, il est rationnel que les confédérés soient tenus de garantir les possessions italiennes et autres dont l'Autriche tire les soldats qui font sa force au dedans comme au dehors de la Confédération.

Si le système de la Prusse devait prévaloir, si les provinces non allemandes devaient être considérées comme des États étrangers, quoique soumis au même sceptre, alors les corps de l'armée autrichienne destinés à agir en Allemagne devraient être uniquement composés d'Allemands, et jamais, sous aucun prétexte, un étranger armé ne dévrait mettre le pied sur le territoire de la Confédération.

Ceci est une question purement allemande; mais pour l'Europe les deux interprétations du pacte fédéral données par l'Autriche et la Prusse sont également inadmissibles. Elles sont également immorales, car elles tendent l'une et l'autre à assurer l'impunité d'une injuste agression; elles sont compromettantes, car elles exposent tous les confédérés à se trouver engagés dans une guerre aux motifs de laquelle ils seraient étrangers et qui peut avoir pour eux les conséquences les plus graves.

Mais, dira-t-on, si cette Confédération n'est pas une alliance défensive, si elle laisse à chacun son libre arbitre et sa liberté d'action, que signifie-t-elle donc? Si nous devons des égards aux vivants, nous ne devons que la vérité aux morts, et nous déclarons que les diplomates qui ont rédigé les traités de 1815 nous ont toujours paru au-dessous de leur tâche. Dominés par un désir unique, le maintien du *statu quo*, par un mauvais conseiller, la peur tant de la France que des révolutions, ils ont pris les plus mauvais moyens de s'en préserver. Ils ont mal partagé l'Europe; ils n'ont tenu aucun compte des désirs des peuples et des nationalités; ils ont créé une foule de petits États que les grandes puissances acceptaient comme satellites, et qui leur ont donné plus d'embarras que de force; ils ont créé des neutralités en cas de guerre, que chaque guerre remet en question, et des servitudes de territoire contraires à la dignité souveraine. Puis, inspirés par leur inquiétude, ils ont formé le traité de la Sainte-Alliance pour maintenir le *statu quo* et la suprématie des cinq grandes puissances : c'était un traité d'assurance mutuelle des rois contre les peuples et une usurpation sur l'indépendance des petits États. Enfin, c'est dans le même esprit et pour satisfaire aux traditions du Saint-Empire, et peut-être de la confédération dont Napoléon était le protecteur, qu'ils ont établi la Confédération germanique, qui était en réalité une Sainte-Alliance au petit pied. Le véritable but de cette Confédération était également de garantir les trônes des confédérés contre des révolutions intérieures. Mais les faits montrèrent bientôt l'inanité de ces deux alliances.

La Sainte-Alliance accomplit bien sa mission en Piémont, à Naples et en Espagne; mais ces exécutions ne firent qu'irriter les esprits, et l'Angleterre déclara qu'elle n'en voulait plus faire partie. Trois des grandes puissances se coalisèrent contre son principe pour enlever la Grèce à la Turquie. La France, par la révolution de 1830, rompit également avec la Sainte-Alliance sans que celle-ci osât lui déclarer la guerre. Bien plus, trois des petits princes d'Allemagne furent chassés de leurs États et remplacés par des frères ou des cousins, sans que ni la Sainte-Alliance ni la Confédération germanique aient osé employer la force pour maintenir le principe de la légitimité.

Après la révolte de Varsovie, la Russie viola les traités de 1815 et le *statu quo* en annexant à son empire le royaume de Pologne; et l'Autriche, sans aucun prétexte, les viola bien plus ouvertement en s'emparant de Cracovie. La Belgique s'affranchissait en même temps, et l'Espagne, plus tard, violait aussi le principe de la légitimité. On voit donc que la Sainte-Alliance n'existe plus, que les traités de 1815 sont profondément modifiés, et que la Confédération germanique elle-même n'a pas en 1830 rempli ses devoirs envers ses confédérés. Si en 1848 les gouvernements de Prusse et d'Autriche sont intervenus en Saxe, à Bade et dans la Hesse, ils n'ont jamais dit que ce fût comme confédérés. Bien plus, l'Autriche, assaillie en Italie et en Hongrie par ses sujets et par les Piémontais, ayant son territoire allemand envahi dans le Tyrol et jusqu'aux portes de Vienne, n'a nullement invoqué le secours de ses confédérés. La Prusse, la Bavière, ni les autres, n'ont pas songé à le lui offrir; ils ne s'y sont pas crus obligés le moins du monde. Et pourtant elle était tombée bien bas, puisqu'elle a été forcée d'invoquer le secours de la Russie.

De ces faits il résulte la preuve que, si les stipulations de la Confédération germanique ont jamais pu imposer aux confédérés l'obligation d'accepter une guerre qu'ils n'auraient pas provoquée, ce n'est plus qu'une lettre-morte; que ce serait en tout cas une convention monstrueuse que celle qui transformerait l'Allemagne en un véritable repaire où les assaillants viendraient se réfugier et reprendre des forces. Ce serait quelque chose de bien pis, de bien plus barbare encore, que le droit d'asile qui enfantait tant de crimes, et que la civilisation a supprimé.

La monstruosité et les inconvénients d'un semblable contrat ressortent encore de la situation de certains États. Ainsi le roi des Pays-Bas, duc de Luxembourg, prétendait, dit-on, rester neutre avec ses États de Hollande, lorsque nous serions attaqués par ses troupes luxembourgeoises. Mais la France pouvait ne pas accepter cette distinction et frapper son ennemi sur les points les plus vulnérables, en saisissant ses navires. Le roi de Danemark, mieux encore, semblait nous donner toutes ses sympathies, peut-être son alliance et l'appui de son armée danoise, tandis que ses troupes du Holstein combattraient contre nous et même contre lui. Est-il possible de ravaler et d'abaisser davantage la souveraineté que de vouloir lui faire jouer ce double rôle !

Un tel système, une semblable confédération, ne peuvent soutenir un instant d'examen. Dira-t-on, comme certaines personnes, que les confédérés sont juges des circonstances? Mais telle n'est pas l'opinion de l'Autriche ni de ses partisans; et, en effet, il n'y a ni confédération ni alliance, si chacun conserve son libre arbitre.

Un tel état de choses, un tel monstre politique ne peut donc subsister en Europe. Et qui voudrait le conserver? Ce n'est pas le Danemark, dont depuis longtemps les confédérés poussent les sujets à l'insurrection; ce n'est pas le roi des Pays-Bas; ce n'est pas la Prusse, qui, après de grands sacrifices, a mécontenté la France et n'a satisfait ni l'Autriche ni l'aristocratie allemande, qui l'ont accusée de lâcheté et de désertion; ce ne sont pas les villes anséatiques ni les ports du littoral, qui étaient condamnés à une ruine certaine si l'Allemagne eût attaqué la France; ce n'est pas certes l'Autriche, qui dit avec raison qu'elle ne se serait jamais engagée dans cette guerre si elle n'avait pas compté sur les armées de ses confédérés; ce ne sont, enfin, ni les Allemands amis de la paix, qui trouvent que l'on a fait beaucoup trop, ni les Allemands amis de la guerre, qui trouvent que l'on n'a pas fait assez, conséquence nécessaire d'une fausse position, de conventions mal rédigées ou impossibles à remplir. Quant aux autres États de l'Europe, ils ne doivent pas seulement désirer, mais exiger soit la rupture, soit des modifications à cette coalition allemande. Ils ne doivent pas souffrir cette hydre à quarante têtes, dont chacune aurait le droit de mordre impunément. Si l'Allemagne est une nation, soit; mais qu'elle n'ait qu'un gouvernement souverain ou diète, mais que tous les autres abdiquent et ne soient plus que des gouverneurs de provinces chargés de lever les troupes et les impôts, et de les tenir à la disposition du pouvoir souverain.

Il est un autre point de vue qui doit appeler la sollicitude des cabinets : c'est la question de nationalité. La France a le bonheur de ne pas connaître l'esprit de race; sa population, issue du mélange de races diverses, est également bienveillante pour toutes, elle reconnaît à toutes des qualités et des vertus. Il n'en est pas de même des Allemands : bons et aimables comme individus, ils prennent un orgueil et une insolence insupportables dès qu'il s'agit de la race. C'est ce qui rend leur domination insupportable aux autres nations. Leur confédération germanique se traduit par cette pensée : ne laisser jamais dominer et gouverner des Allemands par des gouvernements d'une autre race, et appuyer la domination et la tyrannie des Allemands sur les races étrangères. Il est même remarquable que ce n'est pas par affection les uns pour les autres qu'ils agissent ainsi : car ils se jalousent et se détestent cordialement entre eux, et la Prusse est l'ennemi le plus intime de l'Autriche ; c'est par orgueil et par suite d'une haine et d'un mépris plus grand encore des races étrangères. Est-il donc possible, en présence de ces mauvais sentiments si constamment manifestés par des faits, que l'opinion publique des autres nations ne réagisse pas à son tour, que les gouvernements ne comprennent pas qu'ils ont aussi un devoir, non-seulement de confraternité, mais encore d'humanité, de justice et de dignité, à remplir vis-à-vis des populations asservies et opprimées par cette race orgueilleuse et jalouse. La France et l'Espagne doivent leur protection aux races latines, l'Angleterre aux races scandinaves, la Russie aux races slaves ; et puisque l'esprit de race germanique est le lien de la Confédération germanique, les autres puissances de l'Europe doivent délivrer les races non germaniques que ces fiers Allemands tiennent sous une domination détestée. Et que l'on y songe bien, ce que nous demandons s'accomplira certainement et avant peu, car le panslavisme fait tous les jours des progrès, et bientôt viendra le moment où il voudra délivrer ses frères.

Ce que nous demandons ici n'est d'ailleurs pas si difficile ni si compliqué. Que l'Autriche déclare si elle veut rester allemande, faisant partie de la confédération, continuer à violer la constitution hongroise, et à considérer tous ses sujets non allemands comme des troupeaux, au risque de ce qui pourra en advenir; ou si, renonçant à la confédération et à l'esprit exclusif de l'Allemagne, elle veut considérer tous ses sujets comme ses enfants et les traiter tous également. Les trahisons et les massacres accomplis contre les Hongrois ont sans doute laissé de profonds ressentiments dans les cœurs de cette nation vaillante et généreuse; mais si l'empereur veut éloigner de sa personne les bourreaux de la Hongrie, s'il rétablit sa constitution, s'il l'étend à ses autres provinces pour établir l'unité de l'empire, s'il écoute les conseils de Kossuth et des patriotes hongrois, il pourra regagner les cœurs de ses sujets. En donnant un pareil conseil, nous prouvons assurément que nous ne sommes pas les ennemis de l'Autriche ni les amis des révolutions.

Quant au reste de l'Allemagne, ce qu'elle a de mieux à faire pour donner satisfaction au vrai sentiment de patriotisme qui demande une patrie forte et capable de se faire respecter, ce sera et de médiatiser et de fondre les petits États dans les plus grands.

Après avoir envisagé les inconvénients qui résultent de la confédération germanique, on verra mieux encore, sans doute, l'impossibilité de créer une confédération italienne en maintenant plusieurs souverainetés. Quelle serait la position de l'Autriche ayant des États dans la confédération germanique, d'autres dans la confédération italienne, et d'autres indépendants de toute confédération? Les difficultés, les impossibilités, ne tarderaient pas à se présenter, et par suite la tentation et presque la nécessité de violer les pactes fédéraux.

L'antagonisme, l'antipathie entre les gouvernements autrichiens et piémontais, ne ferait que se développer de plus en plus. Quelles garanties de liberté et de bonne administration cette confédération pourrait-elle offrir aux peuples pour leur liberté? quelles garanties aux souverains pour leurs couronnes? Qui jugera les torts des uns et des autres? qui fera exécuter les décisions? qui réglera les rapports avec les puissances étrangères et décidera de la paix et de la guerre? Si ce sont les souverains qui nomment les représentants à la diète, celui du Piémont sera en minorité; on voudra l'obliger à opprimer ses sujets. Il soutiendra que telles décisions sont en dehors des attributions de la diète, et comme il sera beaucoup plus fort que tous les souverains réunis, il résistera. Alors l'Autriche voudra intervenir avec ses troupes allemandes. La France devra s'y opposer, et la guerre recommencera. — On stipulera qu'il n'y aura que des troupes allemandes en Italie. Mais l'empereur d'Autriche voudra-t-il livrer Vérone à des soldats italiens?

Nous n'hésitons pas à dire que ces questions sont insolubles; et pourtant, quoi qu'il arrive, jamais un soldat allemand ne devrait mettre le pied sur le territoire italien. La Confédération germanique n'a marché quarante ans, malgré des complications assez grandes, que parce que les peuples n'y avaient aucuns droits, les petits princes très peu, et que la Prusse abaissait son pavillon devant celui de l'Autriche, qui représentait toujours l'empereur d'Allemagne, qui vendait du despotisme à qui en voulait, payable en obéissance; qui avait établi que toute constitution était révocable et toute souveraineté imprescriptible. Ce n'est certes pas là ce que l'on veut établir en Italie.

En admettant que les gouvernements y abdiquent leurs droits en faveur d'une diète fédérale, qui nommera les représentants à cette diète? Sont-ce les souverains, ou les assemblées législatives? Sur quelle base y comptera-t-on les voix? Ce devrait être, pour faire une chose durable, en raison de la force et de la puissance.

Prendra-t-on pour base la population? Mais la force du Pape est nulle, puisqu'il ne veut pas faire la guerre, si ce n'est à ses sujets. Mais les troupes piémontaises sont bien plus fortes que les napolitaines. Le nombre n'est pas tout, et chacun peut en appeler à son énergie et aux sympathies des autres populations.

De tout cela résulte encore l'impossibilité de créer cette seconde confédération. Un autre motif doit aussi faire abandonner cette idée: c'est la presque-certitude d'en voir surgir la pensée d'un confédération slave, qui deviendrait une bien autre complication.

Les Italiens ont compris avec raison qu'il n'y avait pour eux de vraie liberté et de salut que dans la formation d'un royaume aussi grand que possible. Il est donc indispensable de réunir les trois duchés, non au Piémont, comme on dit pour l'accuser d'ambition, mais au royaume d'Italie.

La suppression des petits États d'Italie et d'Allemagne blessera, nous le savons bien, et les principes de légitimité et les partisans du *statu quo;* mais elle satisfera les populations, et elle relèvera le principe de souveraineté, qui perd de sa dignité en présentant le spectacle de souverains si infimes, si dépendants et si peu respectés de leurs peuples et de l'étranger. Le repos et l'équilibre de l'Europe ont d'ailleurs tout à gagner à remplacer ces petits États par des monarchies pouvant se défendre elles-mêmes. Toutes les puissances ont intérêt à créer un royaume d'Italie assez grand pour se maintenir seul sans rien craindre de l'Autriche ni rien demander à la France, qui se fatigue du rôle de bonne d'enfants ou de garde-malade. C'est aussi l'intérêt bien entendu de l'Autriche, qui aura assez d'embarras en dehors de l'Italie.

Quant aux états du Pape, les remettre sous la domination absolue du Saint-Père, c'est y perpétuer les éléments de discorde. Une seule solution nous semble possible : c'est, en lui conservant son domaine, de lui donner le roi d'Italie pour vicaire temporel. Bien mieux que par un premier ministre, le Pape se trouverait déchargé de toutes les préoccupations et responsabilités qui sont indignes de son caractère sacré, et la religion catholique y gagnerait autant au moins que les populations qui ne cesseraient pas de conserver les insignes de la papauté et de lui prêter foi et hommage, mais qui seraient, quant à l'administration, à la législation, aux charges et aux libertés, assimilées aux autres Italiens.

On a proposé la présidence honoraire du pape pour la Confédération italienne. Il serait tout aussi naturel de lui donner la souveraineté et le gouvernement honoraire de ses États. L'exercice de son pouvoir temporel est un contre-sens qui nuit essentiellement à la religion catholique et qui ne peut durer. Ne vaut-il pas mieux résoudre cette question dès à présent et à l'amiable que de continuer à braver les éruptions trop souvent répétées du mécontentement public, qui finiraient par emporter le spirituel avec le temporel.

Pour la Vénétie, et même le Tyrol italien, l'Autriche ne peut se dissimuler qu'ils ne considéreront jamais leur situation que comme provisoire; que ces provinces italiennes dans ses mains lui seront une cause d'embarras et de dépenses; qu'elles exigeront un état militaire considérable. Elle ferait donc mieux de les abandonner de bon gré au royaume d'Italie, qui se chargerait par contre d'une assez forte partie de sa dette. Il le pourrait d'autant mieux que, toutes questions étant définitivement réglées avec l'Autriche, ce royaume pourrait réduire de beaucoup son état militaire. Si l'Autriche repoussait ce sage conseil, elle devrait du moins constituer la Vénétie en un royaume indépendant sous la domination d'un archiduc qui devrait lutter de bon gouvernement avec le royaume d'Italie, pour regagner les cœurs des Lombards.

Il y avait bien un troisième arrangement que nous avions proposé avant la guerre, qui aurait pu et qui pourrait encore tout concilier : c'était de donner à l'Autriche la république moldo-valaque en échange de ses provinces italiennes, en donnant au Sultan une suffisante indemnité. Cette république n'est pas née viable, et les partis n'y communient entre eux que dans la pensée de s'affranchir complétement de la Turquie. Mais, le fait accompli, elles n'ont ni le nombre, ni le patriotisme, ni la valeur, ni les lumières nécessaires pour former un État indépendant.

La paix perpétuelle n'est assurément qu'un rêve; mais si l'on veut écarter autant que possible les chances de guerre que l'Europe redoute avec d'autant plus de raison qu'elles prennent un caractère de plus en plus grave; il y a une chose à faire, et je l'ai proposée il y a trente ans : c'est de former une amphictyonie européenne basée sur ce double principe : « Non-intervention, quoi qu'il arrive, dans les débats purement intérieurs des États, et intervention dans tout débat international. » Ce serait la contre-partie de la Sainte-Alliance.